문학과지성 시인선 619

이것을 아주
분명하게

김뉘연 시집

문학과지성사

문학과지성 시인선 619
이것을 아주 분명하게

펴낸날 2025년 6월 13일

지은이　김뉘연
펴낸이　이광호
주간　이근혜
편집　이주이 최은지 김필균 허단 윤소진 유하은
마케팅　이가은 허황 최지애 남미리 맹정현
제작　강병석
펴낸곳　㈜문학과지성사
등록번호　제1993-000098호
주소　04034 서울 마포구 잔다리로7길 18(서교동 377-20)
전화　02)338-7224
팩스　02)323-4180(편집) / 02)338-7221(영업)
대표메일　moonji@moonji.com
저작권 문의　copyright@moonji.com
홈페이지　www.moonji.com
ⓒ 김뉘연, 2025. Printed in Seoul, Korea

ISBN　978-89-320-4410-1　03810

이 책의 판권은 지은이와 ㈜문학과지성사에 있습니다.
양측의 서면 동의 없는 무단 전재 및 복제를 금합니다.

문학과지성 시인선 619
이것을 아주 분명하게

김뉘연

시인의 말

알고 있는 말을 알게 된다.

2025년 6월
김뉘연

이것을 아주 분명하게
차례

시인의 말

여기에서는 이렇게 끝나는데 그는 다른 곳에서 계속되었다　7
누구는 누구와 함께 극장에 가려고　8
모자는 그대로 거기 있었다　9
이것을 아주 분명하게　10
반쯤 누워 있는 사람　12
단번에 나타나겠다면　13
바닥에 그리고 벽에　14
어떤 성질의 표시　16
그것에 다가간다　18
소개받은 인물　19
지나가고　20
개별적인 방문자　21
대부분의 반박　22
잘 알려진 무관함　24
가깝게 지낸 행인　25
팔을 펼치고 손가락을 튕기고　27
그것은 그렇지는 않다　28
발음이 풀리지 않은 상태　29
이름이라는 모습　31

보조 수단　32

임의 교체　33

벌어들인 것　34

커다란 여분　35

바깥에서 동시에　36

옮겨다 놓은 무대　38

소매를 걷어 올림　40

조력자에게　41

형상을 가진 구성원　42

두번째 체류　43

행동하는 사람이 될 수도 있다　44

좀 더 큰 방　45

내다봄　46

거꾸로 등장한다　47

준비한 말　48

곧장 웃고　49

크게 확신하게 된 왼쪽　51

부분적으로 망가진다　52

내버려둔 직감　53

즉흥 증명　54

공공연한 지속　55

선명히 나뉘었다　56

근접한 곳　57

끌어 내릴 수 있다　58

인쇄를 거부한 문장　59

아마 장면일 것이다　60

나중에 구부리기라도 하는 것처럼   61

잠시 누려본 위장   62

그들의 어조를 묘사하지는 않을 것이다   63

관찰된 대각선   64

큰 걸음   65

벽이 뚫렸다는 사실   66

손대지 않은 뚜껑   67

흔든다   68

모방했던 것과 비슷하게   69

기록된 방식   83

반쯤 실현된 단어   84

선회에 필요한 목록   91

분명해진 정돈   92

같은 음성   93

문간에   94

알고 있는 말을 알게 된다   95

해설

그림자화법·이한범   96

여기에서는 이렇게 끝나는데 그는 다른 곳에서 계속되었다

이렇게 끝난다.
끝난다고 쓴다.

끝난다고 썼다.
여기에서는.

계속되었다고 되어 있다.
다른 곳에서.

등장한 그에게 말한다.

너는 쓰여 있다.
이렇게.

누구는 누구와 함께 극장에 가려고

나오는 사람과
들어가는 사람

누구는 누구와

여섯 글자 만남

극장에 가려고

들어간 사람과
나오게 된 사람

가려고 한 극장

모자는 그대로 거기 있었다

 봉투를 가지고 가야지. 봉투를 챙긴다. 문서 없는. 되풀이. 반복이라고 쓰지 않는다. 멸균 우유를 사 와야지. 부분이 죽어버린 우유는 섭취될 수 있지만 그런 말을 하려는 건 아니다. 글과 말을 섞어 쓴다. 다시. 봉투 챙김. 봉투 가지고 감. 문서 없음. 되풀이라고 씀. 반복이라고 쓰게 됨. 너는 문장을 벗어나려 하지 않는다. 죽은 우유의 부분은 누가 사러 가나. 문장은 글말로 살아 있다. 계속되는 진행과 발생한 책임. 너는 문장에 속한다. 너를 증명하는 문장이 너의 삶을 지지한다. 문서 없음. 너 있음. 문서 없는 봉투를 챙긴 살아 있는 너와 죽어버린 부분의 우유 그리고 그것을 사러 갈 필요에 의한 삶.

이것을 아주 분명하게

이쪽으로 갈 수 있습니까?

있다고 듣고 그렇게 한다.

이쪽의 가까워짐. 그것을 바란다.

바람이 이루어진다.

현재형의 바람.

바람이 한 바퀴 돈다.

이쪽으로 갈 수 있습니다. 있다고 들었고 그렇게 했습니다.

가까워진 이쪽.

바란 것. 바람의 현재형.

바라고 있습니까?

있다고 들린다. 그렇게 하고 있다.

계속되는 현재형.

몇 바퀴째의 바람.

바람은 몸집을 유지한 채다.

이쪽으로. 계속. 이쪽의 안 끝남.

바람을 따라간다.

바람과 가까워진다. 가까워진 바람.

유지되고 있는 몸집.

구르는 바퀴.
이루어집니까?

반쯤 누워 있는 사람

 각도를 궁리하다가 삼십 분 남짓 보낸다. 왜 상태로 여기지 않나? 그렇다면 물음표에 자유로워진 상태. 삼십 도쯤으로 누워 있다고 하면 삼십 분과도 반쯤과도 어느 정도 어울린다. 추측의 어미에서 도망친다. 어울리는 것 같다라고는 남기지 않는다는 것. 어느 정도는 어떤가? 정면을 바라보기. 묻는다. 질문에 대해 생각하다가 삼십 분 남짓 보낸다. 어제를 오늘로 불러들인다. 자유를 얻은 물음표 그리고 오늘을 누비는 너와 나. 마침내 함께.

단번에 나타나겠다면

창문을 여는 수밖에 없다. 등장해버린 문장. 문장 앞에서 너는 좀처럼 어찌할 수 없다. 등장한 너를 지우지 않는다. 너를 창문 앞에 세운다. 창문은 나를 받아들이지 않습니다. 물컵에 차를 따른다. 찻잔에 물을 따른다. 주워 온 상자. 빌린 사다리. 모든 것이 등장하려고 한다. 상자를 한쪽에 둔다. 사다리를 세워놓는다. 창문은…… 창문은. 튕겨진 나는 잠시 앉아 있습니다. 접힌 전개도. 조합된 조각. 세워진 것들은 서 있습니다. 찻물이 따라졌습니다. 창문 앞. 등장한 것. 너는 장면이기를 거부하겠다. 앉아 있음. 서 있음. 장면은 너를 받아들이겠다. 사다리에 올라가지 않음. 상자 하나. 드러나 있는 윤곽. 튕겨진 나는 일어나 서 있습니다. 창문은 여전히 나를 받아들이지 않겠습니다. 너는 창문을 향해 손을 뻗을 수 있고 그러지 않는다. 갈 곳 없는 손이 윤곽을 따라간다. 거침없는 손길. 몸짓이 장면을 받아들인다. 빌린 상자. 주워 온 사다리. 접힌 조각. 조합된 전개도. 세워져 있습니다. 손길이 닿지 않은 창문. 나는 창문을 거부하지 않습니다.

바닥에 그리고 벽에

도로를 밀어낸다.
뒤로.
뒤로.
밀려난 도로.
돌아보지 않는다.
돌아보지 않는다고 정한다.
돌아볼 수 있다.
돌아보지 않는다.
정한 것.
받아들인다.
밀어낸다.
도로.
도로가 밀려난다.
밀려나 선 도로.
도로 서 있는.
밀려나 선
도로. 도로가
밀려난다.
도로. 밀어낸다.

받아들인다. 정한 것.
돌아보지 않는다. 돌아볼 수 있다.
돌아보지 않는다고
정한다. 돌아보지 않는다.
밀려난
도로. 뒤로.
뒤로. 도로를
밀어낸다.

어떤 성질의 표시

알게 되는 이 씨.

이 씨를 보러 갈 거다.

이 씨는 너를 만나게 된다.

나를?

응.
너를.

이 씨는 보러 갈 거다.

너를?

응.
나를.

우리는 이 씨를 만날 것이다.

이 씨와의 만남은 산뜻할 것이다. 너와 나는 그러한 느낌을 가지게 된다.
느낌에 휩싸인다.

이 씨를 만난다는 기대 그것이 너와 나의 기운을 만든다.
기운이 생긴다.

느낌의 기운을 이 씨에게 보낸다.

그것에 다가간다

성산에 대해 한참 말했다.

성산.
성산.

산성 없는.

성산에 이 씨가 간다.

이 씨는 성산을 말하지 않았다. 이 씨는 말이 없다.
이 씨는 성산을 오른다.

이 씨.
성산에서.

소개받은 인물

내려오는 이 씨가 신고 있는 주홍색에 가까운 양말은 상당히 두꺼워 보이고 충분히 길어 보인다. 우리는 이 씨를 보고 있고 이 씨의 양말에 대해 확신할 수 없어서 이 씨를 계속 본다. 하얀색에 가까운 운동화. 파란색에 가까운 반바지. 회색에 가까운 티셔츠가 손목을 약간 덮고 있다. 적당히 긴 목에 걸린 넉넉히 긴 끈 거기 매달린 조그마한 피리 비슷하게 생긴 것.

흔들린다.

확신할 수 없는 이 씨
걸어오고

우리는 이 씨에게 인사를 하려고

지나가고

도시를 바라보는 법을 안다. 낮은 곳에서

바닥을 본다. 거기가 도시다.
도시는 바닥이다.

높은 곳을 향하지 않으면서

도시를 알게 된다.
도시는 펼쳐진 상태다.

낮은 곳.
바닥이 가깝다.

가깝다고 알게 된 곳.
가깝다는 사실을 본다.

가까워진

다가왔다고 적어둔다.

개별적인 방문자

이 씨는 말이 없는 사람에 가깝지만 말을 하고자 하면 한다. 어제 이 씨가 한 말을 하나 되살려냄. 내일은 공휴일입니다. 오늘이 공휴일이라는 말을 어제의 이 씨가 남겨두었다. 이 씨는 공휴일에 세 가지 시간을 심어둠. 공휴일의 사람. 공휴일에 사람. 공휴일과 사람, 세 시간은 어디로 가고 사람 셋이 서로를 맴돈다. 공휴일의 사람은 공휴일에 사람을 구하고 공휴일과 사람을 반죽하고. 부풀어 오른 사람을 이 씨가 안는다. 물러남. 잇자국. 선명함.

대부분의 반박

그냥 물어보는 거예요.

부풀어 오른 사람을 안은 이 씨를 아나요

그냥.

보는 거예요.

보는 거.
그냥.

그냥 물어본 거. 그거.

부풀어 오르는.
그런 거.

부풀어 오른 사람을 떠올리나요

부풀어 오른 사람을 안은 이 씨를 떠올리나요

물어보는 거 아닙니다.

잘 알려진 무관함

아무래도 부풀어 오르는 이 씨를 보고 싶다고 생각해보지만 생각은 좀처럼 부풀어 오를 생각을 하지 않고, 그런 생각이 보기 좋아 보임. 옆에 앉아 본다. 가만히 있으니 좋잖아. 어느 누구도 움직일 생각 하지 마라. 그런 생각을 일으켜버린다.

납작만두는 어느 도시의 명물이다. 이런 문장.

기름 냄새에 절고 있는 생각
얼룩은 좀처럼 지워지지 않고

이 씨의 납작함은 어느 누구에게 받아들여질 필요가 있습니다.

가깝게 지낸 행인

근린공원에서 만난 사람.
벤치에 앉아 있다.

옆에 앉음.

어디서 본 운동화.
내 것은 아니다.

어디선가 본, 내 것이 아니었던 운동화를 기억해둔다.
근린공원에서.

네가 근린공원에 있다는 점이 중요하게 여겨진다.

근린공원은 너를 사로잡는다.
사로잡힌 너.

운동화를 기억하기 시작한.
벤치에서.

운동화를 본다.
내 것.

얼룩 있음.

운동화가 구별된다.
벤치가 구별되지 않는다.

근린공원에서.

팔을 펼치고 손가락을 튕기고

움직이기 어려운 사람이다, 너는.
너는 정의되었다.

그것을 너는 받아들일까.
받아들이지 않을까.

너의 정의.
그런 것이 있다.

너는 정의를 벗어난다.

너의 움직임을 보았다는 말이다, 내가.

내가 네게 있고 있다.

그것은 그렇지는 않다

저기 높은 건물이 높이 보였고 저기로 가야겠다고, 가고 있는데 전봇대가 계속 높다. 높이 솟은 나무 뒤에 다시 높이 달린 간판 이어 저기 높은 저곳에서 반짝이는 유리창. 보도블록을 밟고. 지하보도를 우회하고. 신호등 앞. 선다. 저기에 또.

조금 더 보자.

높음과 높은 것이 한번에 보인다.

어디서든
언제든

높다.

그것은 사실이 되려 한다.

횡단보도를 건넌다.

발음이 풀리지 않은 상태

모르는 거리에서

보았다.
알아보지 못하는 너.

불렀다.
알아듣지 못하는 너.

되고 싶은 우리

알지 못하는 거리에서
이루어지려 하는 만남

앞에서

잘 못 보인

잘 못 들린

거리의 우리는
우리의 거리를

유지한다

우리

되어 있다.

이름이라는 모습

 새로 생긴 패밀리 레스토랑에서 만나자. 패밀리 레스토랑에 갔다가 옷 가게에도 가보자. 새로운 약속. 새로운 사실이 되려 하는. 사실이라는 미래 앞에 일찍 일어났다. 일어난 사실이 과거에 머문다. 패밀리 레스토랑의 이름이 기억나지 않는다. 패밀리 레스토랑이라는 사실이 비껴가는 이름. 어제 찾아본 사진 속 간판의 글자. 영문자 몇 개가 나란히 붙어 있고 둥글둥글한 인상. 맨 끝의 글자 끝이 길게 뻗어 있고. 휘어져 말려. 사실의 경계에서. 지하철에서. 지상철에서. 간판들. 더 나은 삶에 대한 믿음이라는 글자를 지났다. (이것이) 문장이 되려면 (이것을) 생각해보아야 한다. 믿음의 네모난 형태. (이것은) 선명하다. 옷 가게는 온데간데없다.

보조 수단

자리마다 손수건이 놓여 있다. 접시 위에 접혀 있다. 푸른색 계열. 노란색 꽃무늬. 레이스 달린. 펼친다. 나타나는 끈. 끈을 목에 걸고, 혹시 앞치마 아니야? 손수건 모양의 앞치마가 맞다. 서로 아는 사람과 서로 모르는 사람과. 이곳을 아는 사람과 이곳을 모르는 사람과. 모두 앞치마를 목에 걸고서 양상추샐러드와 파프리카피자와 크림리소토와 버섯파스타를 차례로 먹는다. 맛있어. 후식은 벌꿀과 요거트에 버무린 딸기다. 은은한 장미향이 감도는. 정말 맛있어. 다음에 또 오자, 우리 기념사진도 찍자, 여럿이니까 저랑 번갈아가면서 사진 찍을까요, 하하, 호호. 우리는 저기에 주차해뒀어. 그럼 여기서, 안녕, 안녕. 횡단보도에서. 정류장에서. 버스에서. 나 마스크가 없어, 끈에 달아 목에 건 채였는데 그게 사라질 수가 있어? 한참을 뒤적이다 자리에 앉는다. 휴대전화를 켠다. 아까 찍은 사진을 본다. 다들 앞치마를 벗고 있다. 그중 모두 웃고 있는 하나를 오늘의 이야기로 고른다. 오늘의 이야기는 하루 동안 지속된다.

임의 교체

그럴듯한 결과를 받아들인다.

어이가 없기도 했는데.
언제든 그럴 수 있다.

언제든 바뀔 수 있다. 인과관계와 무관하게

어이없고.

그럴 것이다.

벌어들인 것

아주 분명한

이것
이렇게 쓰고

지운다
이것은 지운

흔적이
남는다

남은 것이 있다 있는 것
을 본다 읽을 수 있기
까지 읽는다 이것
은 읽은

흔적이 남아

있는

커다란 여분

전자 노트를 샀는데 거기 전자 연필이 붙어 있음. 이런 상태를 붙어 있다고 말할 수 있다. 아는 개가 소파에 앉은 네 허벅지에 제 엉덩이를 붙여온다. 그러니까 이러한. 함께 걷던 네가 내 팔짱을 끼고 든다. 상태가 계속된다. 다시 시작된 우리는 한 단어를 이룬다. 너와 나는 우리를 시작했을 뿐, 시작이 반이라고들 하더라도…… 그렇다면 시작이 반이다, 우리는 반쯤의 상태로 서로를 지속한다. 그러면서 우리를 돌아다닌다.

바깥에서 동시에

불필요한 장면이 되어간다.

그걸 막을 수 없다.
그런 것은 네가 아니다.

너는 웃는다.

웃음이 비어져 나온다.
그것만큼은 피하고 싶다.

너는 웃는 사람이다.

나는 우는 사람.
네가 웃고.

울음이 흘러넘친다.

그런 것도 이유가 된다.

네가 울고 내가 웃어도 된다.
그렇게도 만난다.

흘러

흘러

필요를 벗어난다.

옮겨다 놓은 무대

방주가 나타난다.

방주가 보인다.

방주에 다가간다.

방주에 닿는다.

방주를 밟는다.

방주를 지난다.

방주를 벗어난다.

방주를 돌아본다.

방주가 드러난다.

너의 도시.

도시가 되어 있는.

우리를 따라.

소매를 걷어 올림

나이 든 아이.
충분히.

한참 바라보았다.

충분히.

아이는 덥다.
성이 나는지도.

말이 없다.

말을 적는 아이다.
넉넉히.

읽히기 어렵도록.

오래 앞에 둔다.

조력자에게

어제는 집에 있으려 했고 그러지 못했다. 은행과 우체국에 가야 했고. 오늘은 집에 있을 수 있다. 은행과 우체국에 가지 않을 수 있고. 어제 덕분에 오늘을 보낼 수 있다. 그렇게 여긴다. 나의 어제가 될 수 있어? 물어보고. 물어봤으니 되었다.

내일은 집에 있으려 했고 그러지 못한다. 마트에 가야 하고. 오늘은 집에 있을 수 있고. 마트에 가지 않을 수 있고. 내일 덕분에 오늘을 보낸다. 그렇게 여기고. 나의 내일이 될 수 있습니까? 묻고. 질문은 만족하고.

오늘은 보낼 수 있는 날이 되고 있고.
지나가고 있고.

이곳이 현재형이라는 사실이 우리를 일으켜 세운다.

언제나라고 썼었다.

형상을 가진 구성원

 유령에 관한 몇 편의 글을 읽었다. 정확히는 유령이 언급되는 몇 편의 글이다. 읽고 나서 보니 옆에 유령. 읽는 만큼 보이는구나, 유령을 읽은 것이 아니라 유령이라는 단어를 읽었을 뿐인데. 유령은 어느새 옆자리를 보기 좋게 차지하고. 어쩐지 반갑게 느껴짐. 정확히는 반가워해야 할 것 같다. 무서워지면 곤란하지. 유령은 제 할 일을 한다. 그러니까 이쪽에서만 유령을 인지하고 있는 것. 나도 내 할 일을 하는 척하고, 그러나 아무것도 못 하고. 당연함. 나는 유령이 아니니까. 유령이 부럽다. 나도 내 할 일을 해보고 싶다. 사람이라면 당연함. 내 할 일을 하지 못하는 것은 유령이라는 단어를 읽었기 때문에, 그러한 생각에 다다른 너는 유령이라는 단어를 읽기 전으로 되돌아가려 해보지만 불가능한 일임을 안다. 여전히 제 할 일에 매진 중인 유령은 나의 인지에 힘입어 점점 더 분명해진다. 유령의 일이 펼쳐진다. 책을 열고. 책장을 넘기고. 갈피끈을 옮기고. 책을 닫고. 책에 깃드는 유령. 그를 본다. 그리고 읽는다. 그에 관한, 정확히는 그가 언급되는 몇 편의 글을.

두번째 체류

방주.

너는 방주를 그리워한다.
모레부터.

옮겨다 놓은 무대에서, 너는 방주를 만났다.
너의 도시가 분명했다.

내일, 방주에서 하룻밤을 보냈다.

분명히 너의 도시였다.

행동하는 사람이 될 수도 있다

방주에 가겠다고
다시

여전히

가겠다고 결심한다

방주는 살아 숨 쉰다.

나는 방주와 함께하기로

마음을
먹는다

방주를 끌어당긴다

늦었다고 생각한다.

좀 더 큰 방

 천장. 보고 있다. 내키는 대로 구획을 지어가는 천장이다. 천장. 내려다본다. 제멋대로 뻗어가는 몸이다. 몸은 가능한 한 평평해지려 하고. 번번이 실패한다. 열린 창문으로 바람 불어오고. 마주 보는 몸과 천장. 서로를 노출한 관계. 사이에 바람. 펼쳐지고 싶은 대로. 워하다.

내다봄

블라인드 너머

모래 벽
초록 창틀

외국 같다.

한국어로 쓰이고 있음.

보이는 게 다.

세탁기 돌아가는 소리
슬리퍼 끄는 소리

들리지 않기로 한다.

실내임이 분명해진다.

보고 있음이 유지된다.

거꾸로 등장한다

생활인을 지나친다.

다리를 벌리는 사람
허리를 돌리는 사람
뛰다 만 발
걷기로 한 사람
주저앉은 사람
허공을 가르는 주먹
물구나무선 사람
물구나무선 사람을 바라보고 있는

사람

그게 나다.

나는 네가 바라보아준다.

이제 나를 지나친다.

그게 너다.

준비한 말

그런 것이 있다면

모든 것을 알 것 같았고.
모르는 것 같다.

그런 것이 있다면

끔벅인다.
말하는 것이다.

그런 것이 있다면

기울인다.
듣고 있을 수 있다.

그런 것이 있다면

그래.

곧장 웃고

화면이 잠시 멈추었다.

얼굴. 일그러진.

일그러진 채로.

재생되는 화면.
움직이는 일그러짐.

얼굴. 일어남.

다가감.
얼굴에게.

걸어 나간다.
얼굴.

뒤따라간다.

손을 잡은 채로.
놓지 않는다.

얼굴이 뒤돌아본다.

크게 확신하게 된 왼쪽

손목으로 안다.

왼쪽이 있다.

내게.

여기가 왼쪽이라고, 왼쪽 손목이 알려준다.

나는 왼쪽을 실시간으로 접한다.

손목 밴드를 벗어둔다.

한층 가벼워진 왼쪽.

팔을 들어본다.

이것이 왼쪽이다. 왼쪽에

(오른쪽으로 가게 된 왼쪽)

팔이

어깨가

겨드랑이가

팔꿈치가

손가락이

손목.

자신을 알리는 왼쪽.

오른쪽으로 가게 된.

부분적으로 망가진다

이가 하나 비어 있다. 거기로 글자가 샌다. 그러니까 문장을 말하는데 글자가 하나씩 빠진 채. 문장이 문이 되고. 글자가 글이 되고. 빈 공간을 채우지 않고 있다. 어릴 적에 생긴 것을 어른이 가지고 있으면 안 된다. 사실이 아니라고 해도 좋다. 사실이라고 좋은 건 아니니까. 채워 넣어야 한다고 했고 그러지 않았다. 빈 시간이 이렇게 길어질 줄은. 덕분에 글자를 흘림. 자장.

내버려둔 직감

놀이터에서.

조형물.
말랑말랑한 생김.

높지 않은 미끄럼틀.

진흙을 뭉쳤다.
진흙을 던졌다.

아이의 내려다봄.
말이 됨.

내가 올려다봄.
말이 안 됨.

너는 여기에 있지 않은 상태다.
그런 것을 없다고 말한다.

그런 것은 말이 되어간다.

즉흥 증명

 자신의 얼굴을 알지 못하는 친구를 위해 친구의 얼굴을 그린다. 여기가 이렇게 길게 내려오고. 여기는 이 정도로 꺾여들고. 이렇게 접어들다가. 이렇게 뻗어나가보고. 여기 너. 여기 너. 여기 너. 여기 너. 반복되는 너를 따라간다. 여기 너는 이만큼 길구나. 이만큼 꺾여 있구나. 그리로 가는구나. 다르게도 가는구나. 반복되는 나를 따라오는 여기 너는 내가 아는 만큼의 얼굴. 나는 너를 차지한다.

공공연한 지속

소묘와 스케치 사이에서 종일 걸었다.
그런 날이 생긴다. 그런 날에.
감상을 흘린다.
감상이 흘러간다. 흘러가는 감상을 본다.
그런 감상이다.
감상을 문 앞에 걸어둔다. 그런 날이 생긴다.
흘리지 않겠다는 결심이다. 결심을 보인다.
감상은 보이지 않는다.
감상은 흘러갔고. 흘러감을 보였다.
감상은 보이지 않는다.
감상은 걸렸고. 걸림을 보였다.
결심을 보였다고 했다. 보이는 것은 그 정도다.
결심을 소묘한다.

선명히 나뉘었다

저기가 가지 않은 길이야.
분명히 보인다.

가지 않은 길을 보았다.

우리는 길을 돌아 나온다.
온 길을 간다.

겪은 길이 이어진다.

분명히 본 것을 뒤로한다.
앞으로 간다.

뒤로 가며 안도했다.

근접한 곳

이곳을 가깝다고 느낀다.
그러니까 여기.

들리는 공간을 받아들인다.

그는 여겨진다.
여기에서.

이곳에서 그를 만났다.

그가 발견된다.
만남은 그런 식이다.

나는 더듬어진다.
그러려고 한다.

그만큼이 획득된다.

끌어 내릴 수 있다

박혀 있는 문장. 끌 있음. 내릴 수 있음. 내림을 받아냄. 몸이 밖이 되어감. 밖이 몸이 되어감. 그런 것을 상태라고 말함. 하나라고 해도 됨. 하나. 박혀 있음.

인쇄를 거부한 문장

시옷 하나. 하나가 없었다. 하나가 있었다. 하나의 있음이 하나의 없음을 밝혔다. 하나의 없음이 하나의 있음을 밝혔다. 시옷이 시옷에 기대어 있었다.

아마 장면일 것이다

 보려고 했다. 옥상에 심어둔. 남이 심은. 먹었다. 시고 달다. 크고 작고. 파는 것같이 생김. 몇 계단만 올라가면 볼 수 있는. 그것은 보란 듯이 매달려 있다. 계단에 올라 손잡이를 돌려 문을 열면 적절한 바람, 조금 강한 빛, 그리고 약간의 열매가 나를 반길 것이다. 열매는 알맞게 자란 녹색 잎 아래에 자리해 있을 것이다. 그것은 보란 듯이 매달려 있다. 어떤 것들은 가지에 붙어 있을 것이다. 어떤 것들은 흙에 떨어져 있을 것이다. 깜짝 놀랄 만큼 클 것이다. 보기 좋게 작을 것이다. 열매에 다가간 나는 잠시 허리를 숙이고 그것을 내려다볼 것이다. 그것은 보란 듯이 매달려 있다. 동그랗고. 그것은 시선을 잘 견딘다. 너는 빛을 잘 못 견딘다. 양산을 챙긴다.

나중에 구부리기라도 하는 것처럼

 몸을 편다. 몸을 펴는 과정이다. 돌아다니는 것이다. 이곳. 저곳. 갈 수 있는 곳을 간다. 갈 수 없는 곳을 가지 않는다. 그런 곳을 알아간다. 몸은 계속 펴진다. 죽죽 늘어난다. 그것이 마음에 든다. 계속 늘어나겠다는 것이다. 이곳에서. 저곳에서. 기운이 돋다. 웃음이 난다. 웃음이 몸을 떠난다.

잠시 누려본 위장

 여기서 왼쪽 위로 완만하게 약간 올라갔다가 다시 완만하게 약간 내려오고 이어 아래로 죽 내려오다가 오른쪽 아래로 완만하게 약간 내려갔다가 다시 완만하게 약간 올라가고. 여기서 오른쪽 아래로 대각선을 그리며 내려갔다가, 여기의 맞은편에서 왼쪽 아래로 아래로 대각선을 그리며 내려감. 위에서부터 아래로. 위, 위에서 아래로. 위에서 아래로 내려왔다가 다시 아래에서 오른쪽 위로 올라갔다가 약간의 지연, 이어 위에서 아래로. 한 바퀴 돌고 위로 올라갔다 아래로. 왼쪽에서 오른쪽으로 갔다가 왼쪽 위로 완만하게, 왼쪽 아래로 완만하게, 오른쪽 아래로 완만하게, 오른쪽 위로 완만하게. 위에서 아래로 아래에서 위로 오른쪽 위로 오른쪽 아래로 잠시 멈춤. 어디까지나 완만하게.

그들의 어조를 묘사하지는 않을 것이다

저기를 향한 얼굴. 고개 들고. 각도 있음. 시선 있음. 얼굴을 가린 손. 고개 숙임. 각도 있음. 시선 없음. 여기를 향하지 않는 얼굴. 얼굴을 향하는 여기. 저기를 향한 얼굴. 갈 곳 없는 손. 얼굴을 가리지 않은. 어디. 가리게 된. 어디로. 향하게 된. 어디에서. 있게 된. 어디. 저기. 여기 아닌.

관찰된 대각선

 향을 본다. 끝이 부러진다. 끝이 부러졌다. 아직 긴 상태를 여전히 유지해가는 향 그것을 본다. 보고 있다. 흙에 가까운 색. 만지면 가루가 묻어 나올 것. 보고 있고. 꽂혀 있고. 기울어져 있고. 기울어져 있는 그것을 잠시 바로 세울 수도 있고. 그려보고. 바로 세운 그것은 곧이어 다른 방향으로 기울어질 것. 방향을 향하는 향. 기울어짐.

큰 걸음

큰 걸음으로 걷는다

걸음에
걸음

돌에
돌

큰 걸음이 작은 돌을

크게
더 크게

작고
더 작고

넘어가고

벽이 뚫렸다는 사실

나란히 앉아 있다. 앉아서 각자의 일을 한다.

일이 흐른다. 사건이 흘러간다.

평행에 기댄다.

나도.

뚫린 벽은 문이 되곤 한다.

손대지 않은 뚜껑

 연필통. 빨간 연필. 거꾸로 꽂혀 있다. 은색 뚜껑. 보호 중인 연필심. 그것을 본 것처럼 쓴다. 약간 뭉툭해진, 약간 부드러운 편인. 그것을 써본 것처럼 쓴다. 약간 기울어진. 하얀색 글자가 적힌. 에델바이스. 돌을. 돌에. 돌들.

흔든다

그림자 그림
그림 그림자

모방했던 것과 비슷하게

그림과 그림자가 함께 앉아 있다.
그림과 그림자가 함께 서 있다.

그림자는 그림에 입체감을 안긴다.
그것이 그림자의 화법이다.

어디서부터 움직일 것인지 정한다. 그것이 그리는 방법.
언제 말하지 않을지 정한다. 그것이 말하는 방법.
말을 지운다. 그렇게 그리는 법.

검정 입체.
하얘진.

드러나버린.

다 움직인다. 그러니까

오른쪽 어깨의 점이 움직인다.
왼발의 넷째 발톱이 움직인다.

발생해 있는 윤곽.

파랑 외침.
주황 구부림.

분홍 고갯짓.
은문답.

어제 구겨질 종이에 내일 던진 종이.

창문이 문장을 연다.
문장이 장면을 연다.

연기.
기다린다.

바람의 무게중심이 이동한다.

그림자를 연장시키고 싶다.
지연되는 그림자.

균형이 흐트러진다.
간데없는 바람.

넘긴다.
넘겨받는다.

움직여져
움직이는

축적을 벗어난 너는 그림자를 통과하려고 한다.

자꾸만 어긋나려 하는 그림 사람

그림자를 붙잡으려는 너

그림자를 통과한다.

왼쪽 무릎의 잔털이 움직인다.
오른쪽 손목의 주름이 움직인다.

다니게 된 그림 거꾸로 들린 그림

들린 그림자.

공중을 입안에 쑤셔 넣는다.

얼굴에
얼굴

뒤틀린 선과 비뚤비뚤한 면과

연기 된 그림자.

공중을 뿜어낸다.

오른쪽 발등의 힘줄이 움직인다.
예순일곱번째 머리카락이 움직인다.

엇나간 면과 엉킨 선과

공중의 흩어짐

다시, 그림자.

그림 사람.

그림 사람은 몸을 펼치고 싶다.
펼친 몸.

몸은 그림을 펼치고 싶다.
펼친 그림.

점과 점 사이

엉킨 선을 따라간다.
엇나간 면을 만난다.

펼쳐진 그림 사람.

조각의 부분을 본다.
어제의 조각을 입는다.
부분의 조각을 든다.
내일의 부분을 걸친다.

세워진 조각 사람.

걷기와 달리기 사이

왼쪽 귀 끝을 45도로 접어 세운다.
오른쪽 눈꺼풀을 91도로 뜬다.

달리기와 걷기 사이

이마가 활짝 웃는다.
옆구리가 펄쩍 뛴다.

움직이기 위한 멈춤.

팔꿈치가 뒷걸음질한다.
목이 종종걸음한다.

멈추기 위한 움직임.

12분 전의 다리를 구부린다.
33분 후의 허리를 편다.

너는 여러 얼굴로 일어난다.
여러 얼굴로 일어난 너.

33분 후의 다리를 편다.
12분 전의 허리를 구부린다.

움직임 멈추기.

목이 뒷걸음질한다.
팔꿈치가 종종걸음한다.

움직이기.

옆구리가 활짝 웃는다.
이마가 펄쩍 뛴다.

걷기 달리기

오른쪽 귀 끝을 91도로 접어 세운다.
왼쪽 눈꺼풀을 45도로 뜬다.

달리기 걷기

조각을 세운 사람.

어제의 부분을 입는다.
조각의 조각을 든다.
부분의 부분을 본다.
내일의 조각을 걸친다.

그림을 펼친 사람.

엇나간 선을 만난다.
엉킨 면을 따라간다.

점 사이 점

그림은 몸으로 펼쳐지고 싶다.

몸은 그림으로 펼쳐지고 싶다.

사람 그림.

그림자, 다시.

흩어진 공중

엉킨 면과 엇나간 선과

오른쪽 머리카락이 움직인다.
발등의 힘줄이 예순일곱번째 움직인다.

뿜어낸 공중

그림자 연기

비뚤비뚤한 선과 뒤틀린 면과

얼굴 얼굴에

입안에 쑤셔 넣는 공중

그림자 들린

거꾸로 들린
그림
다니게 된

오른쪽 무릎의 주름이 움직인다.
왼쪽 손목의 잔털이 움직인다.

통과한 그림자
자꾸만 붙잡으려는 그림자

어긋나는 그림 사람

너는 축적을 벗어난다. 그림자를 통과하려고

움직이는 움직임
넘겨받는 넘김

균형이 바람에 간데없이 흐트러진다.

지연되는 그림자를 연장시키고 싶다.

무게중심이 이동한 바람.

기다린다.
연기.

장면이 문장을 연다.
문장을 창문이 연다.

어제 던진 종이.
내일 구겨질.

주황 문답.
파랑 고갯짓.

은 외침.
분홍 구부림.

윤곽.
발생한.

오른쪽 발톱이 움직인다.
왼발의 넷째 점이 움직인다.

탈구된 어깨. 그러니까

다 움직인다.

드러나버린.
하얘진.

검정 입체.

말을 그렇게 그리는 법.
지운다.

말하는 방법. 정한다.

그것이 언제 말하지 않을지
그리는 방법. 정한다.
그것이 어디서부터 움직일 것인지

그림자는 그림자의 화법이다.
그것이 그림에 입체감을 안긴다.

그림과 그림자가 함께 서 있다.
그림과 그림자가 함께 앉아 있다.

기록된 방식

　유리문이 잠겨 있다. 문이 창이 되어 있었다. 보이는 공간이 있었다. 벽화가 있었다. 보이지 않는 공간이 있었다. 벽화가 있었다. 상당히 크고, 어느 정도 선명하고, 반듯해 보이는, 어떤 성질의 도형이 벽을 가득 채우고 있었다. 사각형도 삼각형도 원형도 아닌 그것은 점점 작아지더니 손 위에 올려놓을 만한 크기가 되어 손 위에 올라왔다. 손 위의 그것은 몸을 굴려가며 몸을 굴러 나갔다. 바닥을 가로질러 벽을 타고 올라갔다. 벽화가 있었다. 창문이 있었다. 창이 문이 되어 있었다. 유리문이었다. 잠겨 있다.

반쯤 실현된 단어

멀리서 볼 때, 그것은 라고 불릴 수 있다.

크다면 크고 작다면 작다. 그것이 의 크기라면 크기이다.

안아볼 수 있을 것 같다. 라고 하면 그렇다.

거칠어 보이지 않는다.

가 아니라 해도 처럼 보인다면, 누군가 그렇게 볼 때까지 그것은 인 채다.

움직여볼 수 있겠다. 그럴 수 있으리라 여긴다.

몇 개라고 말해도 된다. 그것은 그것들을 포함한다.

그것은 가 되어간다. 가까이에 있음.

누구에게든 상대적인 크기.

안아보려고 한다. 라는 말에 기대어.

부드러워 보임.

처럼 보인다. 한두 사람에게는 그러하다.

그것은 움직이게 될 것 같다.

하나인 것과 하나가 아닌 것.

나와 그것의 거리가 그것이 임을 결정하지는 않는다.

그것의 크기 역시 그것이 임과 무관하다.

나는 인 그것을 안을 수 있다.

만져보고 싶은 표면.

너는 그것이 임을 확신한 상태이다.

그것이 움직이지 않기로 한다면, 그것을 바라보는 이가 움직일 것이다.

하나가 여럿으로 나뉘게 되었거나. 여럿이 하나를 이루게 되었거나.

가깝다는 것과 멀다는 것.

작다는 것과 크다는 것.

안아보는 것.

만져보는 것.

여기는 것.

움직이는 것.

나누는 것과 나누지 않는 것.

몇 개라고 말해도 됨. 그것은 그것들을 포함함.

움직여볼 수 있음. 그럴 수 있으리라 여김.

가 아니라 해도 처럼 보인다면, 누군가 그렇게 볼 때까지 그것은 인 채임.

  거칠어 보이지 않음.

  안아볼 수 있을 것 같음. 라고 하면 그러함.

  크다면 크고 작다면 작음. 그것이 의 크기라면 크기임.

  멀리서 볼 때, 그것은 라고 불릴 수 있음.

  하나인 것과 하나가 아닌 것.

  그것은 움직이게 될 것 같음.

  처럼 보임. 한두 사람에게는 그러함.

  부드러워 보임.

  안아보려고 함. 라는 말에 기댐.

  누구에게든 상대적인 크기.

  그것은 가 되어감. 가까이에 있음.

  하나가 여럿으로 나뉘게 되었음. 여럿이 하나를 이루게 되었음.

  그것이 움직이지 않기로 한다면, 그것을 바라보는 이가 움직일 것임.

  너는 그것이 임을 확신한 상태임.

만져보고 싶은 표면.
나는 인 그것을 안을 수 있음.
그것의 크기 역시 그것이 임과 무관함.
나와 그것의 거리가 그것이 임을 결정하지는 않음.

나눔. 나누지 않음.
움직임.
여김.
만져봄.
안아봄.
작음. 큼.
가까움. 멂.

부드러워 보입니다.
안아보려고 합니다.
처럼 보입니다. 한두 사람에게는 그럴 수 있습니다.
하나인 것과 하나가 아닌 것은 움직이게 될 것 같습니다.
가까이에서, 그것은 가 되어갑니다.
크기란 누구에게든 상대적입니다.

라는 말에 기대어봅니다.

당신은 그것이 임을 확신한 상태입니다.
우리는 인 그것을 안을 수 있습니다.
만져보고 싶습니다.
그것은 움직이지 않을지도 모릅니다. 그렇다면 그것을 바라보는 이가 움직일 것입니다.
그것의 크기는 그것의 됨과 관련이 있지 않습니다.
그것과 우리의 거리가 그것이 임을 결정하지 않는 것과 같은 이치입니다.
하나가 여럿으로 나뉘게 되었습니다.
여럿이 하나를 이루게 되었습니다.

움직여볼 수 있겠습니다. 그럴 수 있으리라 여기고 있습니다.
몇 개라고 말해도 됩니다. 그것은 그것들을 포함하는 말입니다.
멀리서 볼 때, 그것은 라고 불릴 수 있습니다.
가 아니라 해도 처럼 보일 수 있습니다. 그렇다면 누군가가 그렇게 볼 때까지, 그것은 인 채인 것입니다.

   크다면 크고 작다면 작습니다. 그것이 의 크기라면 크기입니다.

   안아볼 수 있을 것 같습니다. 라고 하면 그러합니다.

   거칠어 보이지 않습니다.

   멀게 보고. 가깝게 보고.

   크게 보고. 작게 보고.

   안아보고.

   만져보고.

   여기고.

   움직이고.

   나누지 않고. 나누고.

   나와 그것의 거리가 그것이 임을 결정하지는 않고. 그것의 크기 역시 그것이 임과 무관하고. 나는 인 그것을 안을 수 있고. 표면을 만져보고 싶고. 너는 그것이 임을 확신한 상태이고. 그것이 움직이지 않기로 한다면 그것을 바라보는 이가 움직일 것이고. 하나가 여럿으로 나뉘게 되었고. 여럿이 하나를 이루게 되었고. 멀리서 볼 때 그것은 라고 불릴 수 있고. 크다면 크고 작다면 작고. 그것이 의 크기라면 크기이고. 안아볼 수 있을 것 같고. 라고 하면 그렇고. 거칠어 보이지 않고. 가 아니라 해도 처럼 보인다면 누군가 그렇게 볼 때까지 그것은 인 채이고. 움직여볼 수 있겠고. 그럴 수 있으리라 여기고. 몇 개라고 말해도 되고. 그것은 그것들을 포함하고. 그것은 가 되어가고. 가까이에 있고. 누구에게든 상대적인 크기이고. 안아보려고 하고. 라는 말에 기대어보고. 부드러워 보이고. 처럼 보이고. 한두 사람에게는 그러하고. 그것은 움직이게 될 것 같고.

하나인 것과 하나가 아닌 것과

하나가 아닌 것과
하나인 것과

하나를 벗어남

선회에 필요한 목록

이 씨에게 바람을 넣는다.
가지 마요, 이 씨.

이 씨가 웃는다.
이 씨의 웃음을 확보해둔다.

가진 것이 많다, 너는.
나는 그렇게 여긴다.

우리가 계속 확보된다.

분명해진 정돈

넓적한 것 위에 둥근 것
둥근 것 위에 가느다란 것
가느다란 것 위에 부드러운 것
부드러운 것 위에 작은 것
작은 것 위에 뾰족한 것
뾰족한 것 위에 네모난 것
네모난 것 위에 거친 것
거친 것 위에 두꺼운 것
두꺼운 것 위에 큰 것
큰 것 위에 매끄러운 것
매끄러운 것 위에 얇은 것
얇은 것 위에

같은 음성

　엷은 글자였다. 엷게 보였다. 누구나 엷음을 알 수 있었다. 그만큼의 엷음이다. 그만큼 분명한 엷음이다. 엷은 글자였다. 적셔보았다. 엷음이 퍼졌다. 엷게 퍼져나갔다. 엷음이 엷어지고 있었다. 글자를 엷게 닮은 형상이었다. 형상의 윤곽을 따라 만져보았다. 엷음이 엷게 묻어났다. 엶은 글자였다.

문간에

말에 걸려 넘어진다는 말.
그런 말이 있을 것.
그러나 없어도 된다.

너의 너그러움을 앞에 두고.

한 잔의 물을 마신다.

알고 있는 말을 알게 된다

너무 많은 말을 밀어낸다.
계속, 말이라고.
말은 온데간데없다.

해설

그림자화법

이한범
(미술비평가)

 여름이 다가온다는 느낌이 생기면, 나는 아주 조금의 의도적인 노력을 기울여, 겨울의 길고 두터운 어둠에 묻혀 있길 좋아하던 몸을 이른 새벽에 일어날 수 있는 몸으로 길들이기 시작한다. 새소리의 아름다움을 듣기 위해서다. 지금 내가 살고 있는 집 건너 건너에는 꽤 크고 유명한 성당이 있고, 그 성당은 다양한 풀과 나무로 잘 꾸며놓은 공원을 가지고 있다. 수목이 다양해서인지 그곳에 머물거나 그곳을 오가는 새들의 종류도 무척 많은 것 같다. 호사스럽게도 새들의 여러 목소리가 나의 집까지 전해진다. 나물이나 과일에 제철이 있는 것처럼, 새들의 소리도 특별히 풍부해지는 때가 있다. 여름의 새벽, 조금 더 정확히는 해가 뜨기 직전부터 해가 뜨고 난 후 30분 정도까지다. 아직 어둑어둑할 때 시작하는 새소리는 완연히 밝아지면서 천천히 사그라든다. 누워서 듣다가 다시 잠들 때도 있고, 거실에 가만히 앉아서 듣다가 일상을 시작하기도 한다. 종종 옷을 갈아입고 산책을 나가 공원 주변을 한 바퀴 크게 돌고 들어오기도 한다. 그때 밖으로 나가면 그때만의 독특한 부산스러운 움직임이 보인다. 나는 이제껏 그 부산스러움을 단지 생물들이 잠에서 깨 하루 생활을 시작하면서 보여주는 모습 정도로 생각해왔는데, 얼마 전 여명 속에서 미루나무잎이 바람에 파르르 흔들리는 모습을 한참 지켜보면서 조금 다른 생각을 하게 됐다. 그때 내가 유심히 보게 된 건 그림자였디. 헤기 뜨면시 그림자가 생기기 시작하고, 그림자가 움직임과 얽히면서 나뭇잎의 흔들림은 걷잡을 수 없이 부풀어 올랐다. 세계가 수도 없이 잘게 쪼개지는 것 같은 느낌이 생겼다. 나무는 두 배가 된 것 같았다. 하나가 여럿이 되고 나뭇잎이 나뭇잎이 아니게 되고 나무가 나무가 아니게 되고 끊임없는 흔들림 속에서. 그때 나는 불현듯 그림자가 하나의 화법이라는 생각을 했다. 그림자화법. 그런데 화법으로서의 그림자는 뭘까?

*

그림과 그림자가 함께 앉아 있다.
그림과 그림자가 함께 서 있다.

그림자는 그림에 입체감을 안긴다.

그것이 그림자의 화법이다.

—「모방했던 것과 비슷하게」 부분

『이것을 아주 분명하게』의 후반부에 수록된 「모방했던 것과 비슷하게」에서 "그림자의 화법"이라는 표현과 마주쳤을 때 나는 어떤 기시감을 느꼈다. 새벽녘 산책에서 본 것들 때문은 아니었다. 그림, 그림자…… 글자? 분명 어디선가 그림자를 봤었는데…… 김뉘연의 지난 시집들을 꺼내어 봤고, 여기저기서 그림자를 찾을 수 있었다. 그러고 나서 그림자에 관해 남긴 시인의 흔적들을 모아보았다.

그림

그림자

그림/자

글/자

글자

—「그림글자」 전문[1]

4월 19일.

장 루이 셰페르는 영화 속 그림자가 "모든 장면에서

---

[1] 김뉘연, 『제3작품집』, 외밀, 2023.

내적인 기둥의 역할"(『영화를 보러 다니는 평범한 남자』, 김이석 옮김, 이모션 북스, 2020년, 105면)을 한다고 본다. 인물 뒤로 물러난 그림자, 인물과 병행하는 그림자, 인물을 지워 버리는 그림자, 인물에게 먹힌 그림자…. 너는 소설의 어디에 어떻게 그림자를 배치할지 그려 본다. 소설은 장면이 아니기에 그림자만을 보일 수는 없을 것이고, 그렇다면 그림자를 연출하기 위한 인물과 사물, 배경이 필요하다. 다시. 너는 소설을 장면으로 구성하기로 정힌다. 그렇다면 소설의 장면에 그림자만을 드리울 수 있게 된다. 장면은 추상적인 이미지가 될 것이고, 너는 추상 소설을 완성하게 될 것이다. 누구나 너의 소설의 표면밖에 볼 수 없을 것이고, 너의 소설을 표면적으로만 보게 될 것이다.

그것이 오늘의 너가 그림자에 바라는 바다.[2]

말놀이를 하고 있었고
그건 그림자놀이
말놀이가 끝날 때까지 알지 못했다
말놀이가 끝나지 않았으니까
작은 새가 작은 새로 있고
큰 개가 큰 개로 있고

---

[2] 김뉘연, 『부분』, 외밀, 2021, p. 68.

말놀이는 말놀이로

그건 그림자놀이

새 짖는 소리

개 짖는 소리

그건 그림자놀이

끝난다면 말놀이가 아니고 그러면 그건 그림놀이

그림자놀이가 되고 싶은

―「그림자놀이」 전문[3]

김뉘연은 이미 오래전부터 그림자에 대해서 자주 생각하고 있었음이 분명하다. 그림자에 대한 그의 생각은 그림과 글자 사이에서 진동하고, 무언가를 보고 무언가가 어떻게 보이는지와 깊이 연루되어 있다. 그림자는 그림과 더 밀접하게 관계 맺지만, 결국 그에게는 글자와 그림자 사이의 관계가 자신의 문학적 문제가 된다. 그림자는 대상이 있으면서 동시에 대상으로부터 어긋나고 벗어난 자리에서 그 대상의 부분으로서 출현하는 것이다. 바꾸어 말하면, 대상이기도 하지만 그 대상만이 아닌 것은 말해져야 한다. 그렇다면 글자가 어떻게 지면에 그림자를 도입할 수 있을까? 곰곰이 생각해보면 상당히 곤란한 일이라는 것을 알게 된다. 시각예술에서 그림자는 어쩌면 너

---

3 김뉘연, 『모눈 지우개』, 외밀, 2020.

무나 당연한 존재여서 그것을 화면 밖으로 몰아내려 할 때 오히려 곤란해지지만, 문학은 상황이 그와 반대인 것이다. 단순한 경우를 생각해보자. '그림자'라고 쓰면 그 단어는 그림자가 아니라 내용이 된다. 독자는 '그림자'라는 단어를 읽으면 어떤 모습이든 그림자가 포함된 하나의 전체적인 공간을, 하나의 이미지를 상기할 것이기 때문이다. '사과 사과'라고 쓰면 우리는 사과와 그 사과가 드리운 그림자가 아니라 두 개의 다른 사과를 떠올릴 것이다. '사과 사'나 '사과 과'라고 쓰면 이건 '사과'로부터 너무 멀어져서 사과와 더는 관련 없어질 것이다. 그런데 심지어 시인은 지면에서 그림자가 하나의 요소가 되는 것을 넘어 지면이 순수한 그림자 자체로 채워지기를 기대한다. 무언가가 있고, 그것과의 관계에서 부차적인 부분으로서의 그림자를 출현시키는 것이 아니라 오직 부분만으로 이루어진 문학작품, "결핍된 소설"[4]을 구상하는 것이다. 그런데 시인은 왜 이런 문학작품을 구상했을까? 나는 결론적으로 그것이 "다르게 존재할 수 있는 가능성"[5]에 관한 탐구라고 생각한다. 그리고 그림자에 대한 생각은 이 탐구에 있어서 결정적이다. 이에 대해서는 다시 살피기로 하고, 처음의 질문으로 돌아가보자.

4 『부분』, p. 6.
5 『부분』, p. 10.

그렇다면 글자가 어떻게 지면에 그림자를 도입할 수 있을까? 이 곤란함을 마주하며 문학이 요청된다. 나는 '허구 생산과 관련하여 글자를 다루는 기술들의 집합'을 문학이라고 정의한다. 보기를 통해서든, 읽기를 통해서든, 듣기를 통해서든 혹은 우리가 알 수 없는 사물로서의 방식으로든 모든 글자는 허구를 생산한다. 그러므로 내게는 구두점 하나를 찍는 것, 단어 하나를 쓰는 것 모두 문학적 행위다. 여기서부터 '어떻게'라고 물으며 글자의 허구 생산 기술을 탐구하고 실행하는 이들을 두고 우리는 문학가라고 부른다. 나는 김뉘연의 "그림자놀이"에서 문학에 대한 이러한 의식을 발견한다. "그림자놀이"는 말 그대로 글자로 그림자를 출현시키기 위한 연습인데, 내용의 구성을 위해 글자를 사용하거나 글자가 내용으로 향하게 하지 않고 글자 자체나 글자가 추동하는 실재를 끊임없는 변형 상태에 두는 방법에 대한 것이라고 할 수 있다. 형식 실험이라고 말할 수도 있겠지만 그것만으로는 불충분하다. 왜냐하면 이 놀이는 형식에 대한 실험 자체가 목적이 아니기 때문이다.

"그림자놀이"는 그의 첫 시집 『모눈 지우개』에 실린 71편의 시 중 한 편의 제목이기도 하고, 59편의 시가 편성된 2부의 제목이기도 하다. 시인은 이 2부에 대해 이렇게 소개한다. "2부에서는 단어를 배열하고 조합하며 구성한 내용과 형식이 서로를 반영해 새로운 내용과 형식을 시도하면서 다양한 무늬를 만들어 낸다."[6] 이를 참고해 다시 말해보자면, "그림자놀이"는 글자가 일으키는 허구를 완결(멈춤) 없이 일렁이게 만들고 그것을 가만히 살펴보는 일일 것이다. 우선 "그림자놀이"에 필요한 준비물은 "버려진 말들" "빈 단어들"(「복도」, 『모눈 지우개』), "껍질"(「껍질」, 『모눈 지우개』)이고, 해야 할 일은 "말했던 말을 말하기, 다시, 했던 말을 다시 말하기, 말을 돌려 말하기, 다시, 돌려 말, 하기, 말 돌리기, 말에 말, 더하기, 그렇게 말이 되기.//다시. 말하기. 말했던 말을. 다시. 더하기. 말에 말을. 다시. 돌리기. 말을. 다시. 되기. 말이. 그렇게"(「여집합」, 『모눈 지우개』), 그리고 "그대로 보고 그대로 말하기 그대로 듣고 그대로 말하기 말한 대로 쓰기 쓴 대로 읽기 읽은 대로 생각하기 생각한 대로 하기 혹은 보고 들은 대로"(「구두점」, 『모눈 지우개』)다.

"그림자놀이"는 크게 두 방식으로 이루어진다. 한 방식은 '접기-펼치기'다. 한 장의 지면을 접었다 펼치면 사이가 생긴다. 사이가 생기면 하나는 둘이 된다. 그는 하나가

---

[6] 김뉘연·전용완의 웹사이트에 실린 『모눈 지우개』 소개 글(http://kimnuiyeon.jeonyongwan.kr/kimnuiyeon/a-grid-erasure).

둘이 되는 일, 즉 접기-펼치기를 쓰기를 통해 수행한다. 하루를 "반으로" 접었다 펼치고, 다시 "반으로/반으로" 접어 하나였던 하루를 "네 배"(「세 시」, 『모눈 지우개』)로 만들어본다. 『모눈 지우개』의 58~59쪽 펼친 면 왼쪽과 오른쪽에 나란히 놓인 두 시 「잔 인사」와 「컵 인사」는 내용과 모양[7]이 미묘하게 다르면서도 거의 유사하다. "잔"과 "컵"이 서로 다른 단어지만 닮고 또 다르지 않은 것처럼, 두 시는 완전히 대칭적이지도 동일하지도 않지만 서로가 서로의 부분으로서, 서로가 서로를 자신의 타자로서 가진다. 둘이 있어 완전해지는 것이 아니라 오히려 불완전해진다. 미술 기법 중 하나인 데칼코마니는 대표적으로 접기-펼치기를 통해 만들어지는 이미지다. 양쪽의 그림은 거의 같아 보이지만 전체든 부분이든 어느 요소도 형태가 완전히 같지 않다. 중요한 것은 무엇이 무엇의 원본이 아니라는 점이다. 그건 오직 접힘과 펼침이라는 사건을 통해서 동시에 발생하는 이미지다. 이것은 복제가 아니라 오히려 양자역학적 현상에 가깝다. 접힘-펼침이라는 사건이 일어나기 전까지는 누구도 어떤 이미지가 출현할지 모른다. 이미지는 잠재적이고 사건이 결정적이다. 이렇게 등장한 이미지는 두 개이기도 하지만 동시에 서로가 서로

---

[7] 여기서 모양은 흰 지면 위에 검은 글자가 만들어내는 윤곽의 전체적인 형태를 말한다. 글자는 내용이기도 하지만 언제나 모양이기도 하다.

를 자신의 동일자이자 타자로서 필수적으로 가질 수밖에 없는 하나이기도 하다. 그림자 관계는 단순히 나와 다른 타자의 안정적인 출현이 아니라 그 출현으로 인해 서로가 서로에게 영향을 가지게 되는, 끊임없는 되먹임을 형성하는 관계다.

다른 한 방식은 '흔들기'다. 『모눈 지우개』에 수록된 시 「낱말」은 이 놀이 방식에 대한, 어린이도 쉽게 따라할 수 있는 아주 쉽고 간단한 지침으로 읽힌다. "말들이 낱말로 흩어져 있다./낱말들을 모아 말 상자에 담아 둔다 그러다 상자를/흔든다 말 상자를 흔드는/소리 말 상자에서 낱말들이 굴러다니는 소리 낱말이 뒤엉켜 문장이 되는 문장이 겹쳐져 단락이 되는". 흔들리면서 글자 형태에 약간의 변화가 생기기도 하고, 글자들 사이의 배치가 바뀌기도 한다. 그러면 새로 나타난 글자들은 새로운 것이 아니라 변형된 것일까? 바뀌었다기보다 흔들리고 있는 중이라고 하는 편이 더 맞을 것 같다. 『모눈 지우개』의 마지막 부분인, 93쪽부터 97쪽에 걸쳐 연달아 놓인 네 편의 시(「무아레」-「무아래」-「무이레」-「무이래」)는 흔들기로 씌어진 글자가 어떻게 계속해서 서로 다른 무늬(moiré)를 만드는지를 지켜보는 일일 것이다. "그림자놀이"는 완성이란 없는, 끊임없는 흔들림을 보는 일이다.

'접기-펼치기' 그리고 '흔들기'는 서로 다른 놀이 방식처럼 보이지만, 공통적인 속성이 있다. 뭉쳐져 있던 것, 멈

춰 있던 것, 완결되어 있던 것, 연속적이었던 것을 나누고 떼어내 없던 공간을 만드는 것이다. 하나였던 연속적인 것 사이에 공간이 생기면 그것은 더는 하나로 남지 못하고 부분들이 되며, 부분을 가지고 할 수 있는 일들이 생겨난다. 그렇다면 이건 정말로 어린이들도 참여할 수 있는 하나의 놀이 같다.[8] 그러나 유희적인 면모가 있다 하더라도, 이를 두고 놀이라고 이르는 데 그치는 것은 또한 불충분하다. 왜냐하면 "그림자놀이"를 수행하는 시인의 진정한 목적은 유희가 아니라 "같은 말들의 다른 형상"(「구두점」, 『모눈 지우개』)으로 향하고 있기 때문이다. 이 맥락에서 나는 차학경의 『딕테』를 다시 쓴 김뉘연의 네번째 저서 『제3작품집』이 그 자체로 그림자인 책이라고 생각한다.

『이것을 아주 분명하게』에서 김뉘연은 이제 능숙하게 "그림자놀이"를 한다. 「모방했던 것과 비슷하게」는 이 시

---

[8] "아주 일찍부터 어린이들은 물체와 그 그림자 간에 유사성을 발견해내는 것으로 보인다. 이 모든 것이 환상적인 분위기를 구성하는데, 그림자들은 규칙적으로 사라졌다가 같은 장소에 다시 나타나고 방향을 바꾸고 형태가 달라지며 재빨리 혹은 서서히 의미심장한 변환과정을 거친다. 어느 것도 예전 같지 않고 심지어 물건의 크기도 바뀔 수 있다("한 가지 물건 같은데 또 다른 물건이 되기도 하네"). 그림자는 "여전히 무엇인가 빠져 있기는 해도" 알고 있는 물체나 몸체의 형태를 상기시킬 수 있어서 익숙한 것과 익숙하지 않은 것 간의 갈등을 야기시킨다. "아, 내 손인데… 아니 내 손이 아니잖아!"와 같은 존재와 부재 간의 긴장 상태로부터 질문들, 가설들, 그리고 확인해보고자 하는 시도들이 생겨난다"(Reggio Children s.r.l, 『모든 것에 그림자가 있어요, 개미만 빼고』, 오문자 옮김, 도담서가, 2020, p. 18).

집에서 가장 긴 시로, 총 256행에 이른다. 내가 굳이 행의 수를 세고 여기서 언급하는 이유는 이 시가 매우 구조적이며 이 구조 자체가 시의 주제이기 때문이다. 내가 이를 처음부터 알게 된 건 아니다. 이 책의 독서 경험이 구조를 발견하도록 이끌었는데, 나는 『이것을 아주 분명하게』를 읽으며 이른 아침부터 한낮을 거쳐 어스름이 내리는 시간까지 도시의 여러 장소들을 천천히 배회하는 것 같은 기분을 느꼈었다. 「모방했던 것과 비슷하게」는 머리 위의 해가 옆으로 조금 내려와 세상이 눈치채지 못할 만큼 약간 어두워지고 부드러워진 그때, 정수리가 아니라 나의 옆 몸이 느껴지는 그즈음에 위치해 있었다. 거기서 그림자에 대한 이야기가 시작된다. 그런데 「모방했던 것과 비슷하게」를 천천히 읽어나가자 불현듯 또 다른 기시감이 찾아왔다. 분명 어디선가 보았던 글자가 다시 반복된다. 정확하게 그 글자는 아닌데 그 글자인 것 같다. 그런 기분이 여러 번 거듭되면서 이 시에서 반복을 추동하는 어떤 구조가 있다는 추측을 하게 됐고, 닮은 글자들을 찾아 이렇게 저렇게 배치해보았다. 그렇게 해서 내가 이 시에 대해 발견한 사실은 이렇다. 이 시의 75쪽 128행 "너는 여러 얼굴로 일어난다"와 129행 "여러 얼굴로 일어난 너" 사이가 접혀 있다. 그러니까 128행과 129행은 서로가 서로를 자기 자신이자 타자로 가진 글자들의 집합이다. 그렇게 접힌 사이를 기준으로 126행과 131행, 125행과 132행……은 서로 관련되어 있다. 거의 같지만 다르고 서로가 서로의 부분이지만 또한 독립적이다. 그런데 안정적인 것 같던 이 행들의 대칭은 어느 순간 깨진다. 한 행과 한 행이 호응하는 줄 알았지만 어떤 행은 두 행이 되기도 하고 세 행이 되기도 한다. 예를 들어 73쪽 86~92행 "그림 사람.//그림 사람은 몸을 펼치고 싶다./펼친 몸.//몸은 그림을 펼치고 싶다./펼친 그림"과 호응하는 것은 77쪽 165~169행 "그림은 몸으로 펼쳐지고 싶다.//몸은 그림으로 펼쳐지고 싶다.//사람 그림"이다. 글자가 흔들린 것이다. 흔들린 글자. 서로의 대칭적 반영이 아닌 서로에 의한 회절. 그러고 보면 「모방했던 것과 비슷하게」의 바로 앞에 놓인 단 두 행, 두 개의 단어로만 이루어진 시 「흔든다」는 본격적인 "그림자놀이"에 앞서 글자를 접었다 펼치고 흔들어보는, 아주 간단하지만 모든 원리를 환기하는 준비운동과 다름 없던 것이다. 「흔든다」의 전문은 이렇다. "그림자 그림/그림 그림자".

「모방했던 것과 비슷하게」는 "그림자놀이"의 방식들이었던 '접기-펼치기'와 '흔들기'를 이제는 시인이 충분히 잘 익혀 보다 풍부하게 또 복잡하게 다루고 있음을 보여준다. 만약 이 시가 놓인 지면이 종이의 왼쪽 면을 철한, 오늘날 일반적으로 사용하는 코덱스 형태의 단행본이 아니라 위아래로 긴 두루마리 형식이었다면 우리는 이 시의 구조를 더 쉽게, 어쩌면 한눈에 파악했을 수도 있다. 그런데 가만히 생각해보면 그것은 그림자의 출현이 아닐지도 모른다. 시인이 긴 시를 쓴 건, 이 시의 구조와 형태를 파악하기 어렵도록, 그렇게 해서 시각적으로나 건축적으로가 아니라 어떤 기시감으로, 느낌으로, 존재감으로 그림자가 드러나도록 하는 설계(계책)가 아니었을까 추측한다. 그림자는 그리 명백한 것이 아니다.

"그림자놀이"처럼, 『이것을 아주 분명하게』는 그간 김뉘연이 문학으로서 다루어왔던 주제들이 거듭한다. 완결 없는 움직임의 추동, 반복, 예측할 수 없는 변형, 불확정성, 부분에 대한 의지, 빈 공간의 필요…… 그런데 새롭게 눈에 띄는 것이 있다. 아니, 어쩌면 이 가시적인 것들 속에 원형적인 것으로 자리 잡고 있었지만 진작 눈치채지 못한 것일 수도 있다. 그것은 바로 타자다. 너, 그리고 우리. 이번 시집에서 김뉘연은 계속해서 '나'와 '너' 그리고 '우리'에 대해서 생각한다. 그런데 여기서 '너'와 '우리'는 무엇일까? 추측건대 '너'는 '나'의 그림자와 같은 존재가 아닐까 한다. '너'는 언제나 '나'와 함께 있고, 함께 있음을 알고 있지만, 결코 쉽게 정의될 수 없는 것이다. 그리고 하나이지만 결코 하나이지는 않다. 닮기도 하지만 반대이기도 하다. "너는 정의를 벗어난다.//너의 움직임을 보았다는 말이다, 내가.//내가 네게 있고 있다"(「팔을 펼치고 손가락을 튕기고」), "다시 시작된 우리는 한 단어를 이룬다. 너와 나는 우리를 시작했을 뿐, 시작이 반이라고들 하더라도……

그렇다면 시작이 반이다. 우리는 반쯤의 상태로 서로를 지속한다. 그러면서 우리를 돌아다닌다"(「커다란 여분」), "하나가 여럿으로 나뉘게 되었거나. 여럿이 하나를 이루게 되었거나"(「반쯤 실현된 단어」), "나는 우는 사람./네가 웃고. [……] 네가 울고 내가 웃어도 된다./그렇게도 만난다. [……] 필요를 벗어난다"(「바깥에서 동시에」). 그런데 여기서 중요해 보이는 것은, '나'와 '너'는 아주 가까이 있는 것 같지만 사실은 그 사이가 아득히 멀기도 하다는 점이다. 바꾸어 말하면, '나'와 '너'가 '우리'가 되기 위해서 필요한 것은 거리, 빈 공간이다. "모르는 거리"에서 마주친 나와 너. 나는 너를 보고 너를 불렀지만 우리가 되지는 못한다. 다만 "거리의 우리는/우리의 거리를//유지한다". 그럼으로써 "우리//되어 있다"(「발음이 풀리지 않은 상태」).

'나'와 '너'와 관련해 『이것을 아주 분명하게』에 등장하는 흥미로운 인물이 있다. 바로 '이 씨'라고 일컬어지는 형상이다. 마치 이곳 도시 곳곳에서 출몰하는 어떤 인물인 것만 같은 '이 씨'. 그러나 '이 씨'는 "확신할 수 없는"(「소개받은 인물」) 존재다. '이 씨'가 '너'를 만나게 되는 것은 '나'를 본다는 의미와 같다. 무엇보다도 "이 씨를 만난다는 기대 그것이 너와 나의 기운을 만든다"(「어떤 성질의 표시」). '이 씨'는 바로 '너'와 '나'가 '우리'가 되게끔 하는 존재다. 그리고 나는 '이 씨'가 "그림자놀이"와 관계있다고 생각한다.

　　이 씨는 말이 없는 사람에 가깝지만 말을 하고자 하면 한다. 어제 이 씨가 한 말을 하나 되살려냄. 내일은 공휴일입니다. 오늘이 공휴일이라는 말을 어제의 이 씨가 남겨두었다. 이 씨는 공휴일에 세 가지 시간을 심어둠. 공휴일의 사람. 공휴일에 사람. 공휴일과 사람. 세 시간은 어디로 가고 사람 셋이 서로를 맴돈다. 공휴일이 사람은 공휴인에 사람을 구하고 공휴인과 사람을 반죽하고, 부풀어 오른 사람을 이 씨가 안는다. 물러남. 잇자국. 선명함.
　　　　　　　　　　　　　　—「개별적인 방문자」 전문

'이 씨'는 다른 화법을 구사하는 사람이다. "말이 없는 사람에 가깝지만 말을 하고자 하면 한다." 그가 말을 하면 하나의 시간이 "세 가지 시간"으로 다시 펼쳐지고, 사람 하나가 "사람 셋이" 된다. 그렇게 세 가지 시간과 사람 셋은 한 장소에서 서로가 서로를 가지게 된다. 그리고 '이 씨'는 이 모든 시간과 사람을 품는다. 그림자가 바로 '이 씨'의 화법이다. 그런데 「개별적인 방문자」의 마지막에 "물러남. 잇자국. 선명함"이라는 단어들이 여전히 거슬거슬하게 남아 있다. 여기서 다른 시 「벌어들인 것」을 보자. 여기서 김뉘연은 "쓰고" "지운" 뒤 남은 "흔적"에 대해 말한다. "남은 것이 있다." 그리고 시인은 "있는 것/을 본 다 읽을 수 있기/까지 읽는다". 그러면 "이것"은 "아주 분명한" 것이다. 역설적이게도 '분명한 것'은 남아서 고정된 것이 아니라 흩어지고 사라져 멀어진 것일 테다. 희미해졌을 때 분명해지는 것이 있다. 우리는 그것을 분명히 해야 한다.

'이 씨'를 "그림자놀이"를 하는 사람으로 볼 수도 있겠지만, 나는 그렇게 생각하지는 않는다. '이 씨'는 화법 자체다. 그는 놀이를 하는 것에 그치는 것이 아니라 '나'와 '너'를 '우리'로 만드는 존재이기 때문이다. 화법은 글자 사용 방식에 관한 것이기도 하지만 무엇보다도 글자를 통해 타자들과의 관계를 설정하고 나아가 발명하는 문학이다. 그림자화법이란 동일한 것의 타자를 출현시키는 것이기도 하고, 또한 동일한 것의 타자를 동일화하여 전체로 만들거나 경계를 그어 외부적인 타자로 축소시키지 않고, 동일한 것들이 서로가 서로를 부분으로 두며 끊임없는 상호 변형이 일어나는 것을 가능하게 하는 말하기 방식이라고 할 수 있겠다.

그림자가 근원적으로 타자성과 관련 있다는 것은 서양의 재현의 역사 속에서 살펴볼 수 있다. 빅토르 I. 스토이치타는 『그림자의 짧은 역사』의 첫 장을 할애해 재현의 두 가지 다른 패러다임, 즉 그림자 투사와 거울 반영을 구분한다. 다음은 스토이치타가 인용한, 우리에게 잘 알려진 플라톤의 동굴 우화 중 잘 알려지지 않은 이야기로, 동굴에 갇혀 있던 자들이 동굴을 떠나는 과정에 관한 것이다.

> 동굴 밖 세계에 있는 사물들을 바라보기 전에 빛에 익숙해질 필요가 있었을 것이다. 먼저 그는 그림자(skias)를 바라보는 것을 가장 쉬운 일이라 생각했을 것이고, 그다음에는 물에 비친 사람과 사물들의 반영 이미지(eidola)를 볼 것이고, 마지막으로 사물 그 자체를 볼 수 있을 것이다. 그다음에 그는 낮보다 밤에 천상의 실체와 하늘을 관찰하는 것이 더 쉽다는 것, 태양과 그 빛을 바라보는 것보다 달과 별의 빛을 바라보는 일이 더 쉽다는 것을 알게 될 것이다. [······] 그가 마지막으로 할 수 있는 일은 태양을 똑바로 보는 것, 즉 물에 반영된 이미지를 사용하거나 다른 어떤 매개체(phantasmata)를 사용하지 않고도 태양의 본질을 그 존재 그대로 볼 수 있게 되는 일이다.[9]

내용을 보면 플라톤의 철학에서 그림자는 반영 이미지와 구분되고, 그림자는 재현의 위계에 있어서 가장 열등한 것으로, 진리(태양)에서 가장 먼 곳에 위치 지어진다.

---

9 플라톤, 『국가』, 516a; 빅토르 I. 스토이치타, 『그림자의 짧은 역사―회화의 탄생에서 사진의 시대까지』, 이윤희 옮김, 현실문화연구, 2006, p. 31에서 재인용.

스토이치타가 말하길 "그림자는 서양의 재현의 역사에서 근본적으로 부정의 의미를 부여받았고, 그러한 의미는 결코 완전히 포기된 적이 없었다…… 플라톤 이후에 미술 작품은 거울 패러다임의 제약을 수용해야만 했고, 그림자의 투영은 주변 역할로 밀려났다."[10] 여기서 다시 곱씹어 비교해볼 것은 회화의 기원에 관한 플리니우스의 설명이다. 플리니우스는 『박물지』에서 타인의 (몸이 아닌) 그림자의 윤곽을 따라 그린 것이 회화의 기원이라고 말한다. 이 두 기원, 서로 겹치지만 근원적으로 구분되는 재현 이미지들 사이에는 생각보다 치열한 경합이 있다. 그림자와 반영 이미지가 서로 분명히 구분된다는 스토이치타의 주장은 꽤나 분명하다. "플리니우스의 전통 속에서 이미지(그림자, 그림, 조각상)가 **동일한 것의 타자**라고 한다면, 플라톤에게서 이미지(그림자, 반영상, 그림, 조각상)는 **복제 상태에 있는 동일자**인 것이다."[11] 그리고 "그림자는 '다른' 단계를 재현하는 반면, 거울은 '동일한' 단계를 재현하는 것이다."[12]

그림자. 언제나 부분으로만 드러나는 동일한 것의 타자. 동일한 것의 타자로서의 그림자에 관한 또 다른 이야기가 있다. 알렌카 주판치치가 설명하는, 니체 철학의 진

10 같은 책, pp. 34~35.
11 같은 책, p. 37.
12 같은 책, p. 49.

리 이론과 관련된 '정오'라는 형상이다. "한낮은 해가 모든 것을 싸안으며, 모든 그림자를 사라지게 하고, 세계의 온전한 단일체를 구성하는 순간이 아니다. 그것은 가장 짧은 그림자의 순간이다. 그리고 한 사물의 가장 짧은 그림자란, 이 사물 자체가 아니면 무엇이겠는가? 하지만, 니체에게 이는 둘이 하나가 된다는 것을 뜻하지 않으며, 오히려 하나가 둘이 됨을 뜻한다. 어째서? (하나로서의) 사물은 더 이상 자신의 그림자를 다른 사물 위에 던지지 않는다. 대신에, 그것은 자신의 그림자를 자기 자신 위에 던지며, 그리하여 동시에 사물이자 그것의 그림자가 된다. 해가 천정에 있을 때, 사물들은 단순히 노출되는(이를테면 "벌거벗는") 것이 아니다. 그들은, 말하자면, 그들 자신의 그림자를 차려입고 있다."[13] 그런데 이 가장 짧은 그림자, 사물의 동일한 타자가 출현하고 사라지는 것은 순식간이다. 이 순간을 어떻게 길게 펼쳐놓을 것인가? 그것이 아마도 김뉘연이 문학가로서 품은 물음일 것이다. "대상을 깨뜨리고 부수어 생기는 파편들을 복원시키지 않는 방식으로 조합해 만드는 조각들의　새 언어"(「진실?」, 『문서 없는 제목』).

13　알렌카 주판치치, 『정오의 그림자』, 조창호 옮김, 도서출판b, 2005, p. 46.

*

 엄밀히 말해서 그림자를 잃는다는 것은 자아의 상실이자 타자의 상실로 여겨야 한다. 그림자를 지키고 회복하려는 의지가 자기 자신뿐만 아니라 타자를 지키려는 의지와 관련한다고 말해야 한다. 나와 너, 둘 중 하나만 잃고 하나가 남게 되는 경우는 없다. 우리는 산술적인 개념이 아니라 합성적인 개념이다. 타자에 대해 말하고 타자를 보여주는 것이 아닌, 문학이 스스로 타자를 품고 또 타자로 인해 끊임없이 문학 자체가 흔들리도록 하는 일이 쉬운 일은 아닐 것이다. 하지만 그러한 일 없이 문학이 사회적인 것이 되기는 어렵다. "그림자화법"은 그러므로 타자를 지키는 것이자 문학을 지키는 일처럼 보인다. 아주 오래된 기원에서.